First Edition: 2006

Mpuei Kan: 2006

The Jewish book of *Ecclesiastes*.
Adapted and translated into Modern
Akan by
Paa Kwesi Imbeah for *kasahorow*

Jiwfo buukuu *Ɔsɛnkani* no.
Dɛm Abaefo Akan nkyerɛase yi
Paa Kwesi Imbeah kyerɛww maa
kasahorow

The kasahorow Communications
Group
A Public Service of Suuch Solutions
www.kasahorow.com

kasahorow Nkitahodi Kuw
Suuch Solutions Etuhuakyɛ
www.kasahorow.com

Nkataho: Adinkra " Mate Masie, ".
Ɔkyerɛ nyansa, nimdee na kasayie.

Cover illustration: " Mate Masie, "
an Adinkra
meaning " What I hear, I keep. " It
is a symbol of
wisdom, knowledge, and prudence.

ISBN: 9-988-03764-3

TABLE OF CONTENTS			DEA ƐWƆ MU		

Ecclesiastes 1

1 The words of the Preacher, the son of David, king in Jerusalem.

2 Vanity of vanities, saith the Preacher, vanity of vanities; all is vanity.

3 What profit hath a man of all his labour which he taketh under the sun?

4 One generation passeth away, and another generation cometh: but the earth abideth for ever.

5 The sun also ariseth, and the sun goeth down, and hasteth to his place where he arose.

6 The wind goeth toward the south, and turneth about unto the north; it whirleth about continually, and the wind returneth again according to his circuits.

7 All the rivers run into the sea; yet the sea is not full; unto the place from whence the rivers come, thither they return again.

8 All things are full of labour; man cannot utter it: the eye is not satisfied with seeing, nor the ear filled with hearing.

9 The thing that hath been, it is that which shall be; and that which is done is that which shall be done: and there is no new thing under the sun.

10 Is there any thing whereof it may be said, See, this is new? it hath been already of old time, which was before us.

Ɔsɛnkani Ti 1

Ntease Biara Nni Hwee Mu

1 Ɔsɛnkani no, [a] David ba, Jerusalemhene ne anomu nsɛm:

2 Ɔsɛnkani no se: "Ntease biara nni mu! Ntease biara nni mu! Korakoraa, ntease biara nni mu! Ntease biara nni hwee mu."

3 Dɛn koraa na nimpa nya fi ne brɛ nyina wɔ wiase yi mu?

4 Ebusuasantene bi kɔ, na ebusuasantene bi so ba, na nso asaase tim hɔ daa.

5 Ewia puei, ewia tɔ, na ɛhare san puei.

6 Mframa bɔ kɔ anaafo na ɛdane kɔ etifi; ɛkyini ne ho a ɛngyina da.

7 Esutene nyinara pem kɔ po mu, na nso po mu nyɛ ma da. Bea a esutene no fi no, hɔ ara na wɔsan kɔ.

8 Ade nyinara ma brɛ, sen ma dasani tumi kyerɛ mpo. Eniwa mbrɛ adehu, asowa mfona asɛmtie.

9 Asɛm a esi da no bɛsi bio, na dea abɛsen kɔ no, bɛsan aba bio; afe kɔ ba nyinara no, asɛm koro yi ara.

10 Biribi wɔ hɔ a nimpa bɛtumi aka sɛ, "Hwɛ! Asɛm foforo bi ni?" Ɛsi da, akyɛrakyɛre bi; ansa yɛrebɛwo hɛn mu biara.

11 There is no remembrance of former things; neither shall there be any remembrance of things that are to come with those that shall come after.

12 I the Preacher was king over Israel in Jerusalem.

13 And I gave my heart to seek and search out by wisdom concerning all things that are done under heaven: this sore travail hath God given to the sons of man to be exercised therewith.

14 I have seen all the works that are done under the sun; and, behold, all is vanity and vexation of spirit.

15 That which is crooked cannot be made straight: and that which is wanting cannot be numbered.

16 I communed with mine own heart, saying, Lo, I am come to great estate, and have gotten more wisdom than all they that have been before me in Jerusalem: yea, my heart had great experience of wisdom and knowledge.

17 And I gave my heart to know wisdom, and to know madness and folly: I perceived that this also is vexation of spirit.

18 For in much wisdom is much grief: and he that increaseth knowledge increaseth sorrow.

11 Obiara nkae dea abɛsen kɔ, na dea ɛrebɛba so wɔn a wɔbɛdi ekyiri no renkae.

Nyansa Mpo Ntease Biara Nni Mu

12 Me Ɔsɛnkani no, dii hene wɔ Israɛl so wɔ Jerusalɛm.

13 Mede meho sii hɔ sɛ mede nyansa bɛhwehwɛ ade a wɔyɛ wɔ wiase nyinara mu: ɛyɛ adesoade kɛse a Nyame de ato nipa so!

14 Meehu ndeɛmba a wɔyɛ wɔ wiase nyina na ne nyinara mpo ntease biara nni mu; ɛte sɛ wotaa mframa ekyiri.

15 Dea akoa no yɛtene a ɛnyɛ yie; dea ɛnni hɔ so yɛsuo mu kan a ɛnyɛ yie.

16 Mefaa adwene sɛ, "Hwɛ, meenya nyansa kɛse kyɛn obiara a ɔedi me enim kan wɔ Jerusalɛm ahɛnde yi mu; meehu nyansa ne nimdee kɛsenara."

17 Na mehyɛɛ me ho suaa sɛ mebɛte nyansa, na abɔdam na nkwasiasɛm ase, na mehunn sɛ ɛyi so mpo te sɛ wotaa mframa ekyiri.

18 Ɛsiane sɛ, nyansa dodow ma awerɛhow dodow; na nimdee pii ma yaw pii.

Ase-Nkyerɛase:
Ɔsɛnkani Ti 1:1 Anaa *nimpakuw mu panin* ; dɛm so wɔ nkyekyɛmu 2 ne 12

Ecclesiastes 2

1 I said in mine heart, Go to now, I will prove thee with mirth, therefore enjoy pleasure: and, behold, this also is vanity.

2 I said of laughter, It is mad: and of mirth, What doeth it?

3 I sought in mine heart to give myself unto wine, yet acquainting mine heart with wisdom; and to lay hold on folly, till I might see what was that good for the sons of men, which they should do under the heaven all the days of their life.

4 I made me great works; I builded me houses; I planted me vineyards:

5 I made me gardens and orchards, and I planted trees in them of all kind of fruits:

6 I made me pools of water, to water therewith the wood that bringeth forth trees:

7 I got me servants and maidens, and had servants born in my house; also I had great possessions of great and small cattle above all that were in Jerusalem before me:

8 I gathered me also silver and gold, and the peculiar treasure of kings and of the provinces: I gat me men singers and women singers, and the delights of the sons of men, as musical instruments, and that of all sorts.

9 So I was great, and increased more than all that were before me in Jerusalem: also my wisdom remained with me.

Ɔsɛnkani Ti 2

Ntease Biara Nni Enigye Mu

1 Mesee wɔ me akoma mu sɛ, "Mede enigye bɛsɔ wo ahwɛ ehu mu papa anaa bɔne." Na ɛno so kɔsii sɛ ntease biara nni mu.

2 Mesee sɛ, "Serew yɛ nkwaseade. Dɛn na enigye yɛ ma me?"

3 Mede nyansa faa adwene sɛ mede nsa bɛgye me eni abere a na meahyɛ daa atame nkwaseade. Na mepɛ sɛ mehu dea ɛsɛ sɛ nimpa de ne nkwa nda tiatia yi yɛ.

4 Mede edwuma akɛse sii me eni so: mesii adan maa me ho, na medɔww wenyin nture pii.

5 Meduaa nture na enigyekwaa na metetɛww eduaba ahorow wɔ mu.

6 Mesisii nsutae de guguu nduapa kwaa ahorow no so.

7 Metotɔɔ nkoa na mfonabaa, na wɔwowoo binom so wɔ me fie. Na mewowɔ fiembowa sen obiara a ɔdii me kan wɔ Jerusalɛm.

8 Mesosoo dwetɛ na sika bɔɔ me bo, na amansin ne wɔn ahemfo egyapade. Metotɔɔ adwomtofo mbarimba na mbaa, na mefaa nyerenom ahorow [a] kaa ho—nimpa ne akoma mu enigye biara.

9 Mebɛyɛɛ katakyi koraa senn obiara a ɔdii me kan wɔ Jerusalɛm. Ne nyinaa mu no, na me eni da me ho so.

6

10 And whatsoever mine eyes desired I kept not from them, I withheld not my heart from any joy; for my heart rejoiced in all my labour: and this was my portion of all my labour.

11 Then I looked on all the works that my hands had wrought, and on the labour that I had laboured to do: and, behold, all was vanity and vexation of spirit, and there was no profit under the sun.

12 And I turned myself to behold wisdom, and madness, and folly: for what can the man do that cometh after the king? even that which hath been already done.

13 Then I saw that wisdom excelleth folly, as far as light excelleth darkness.

14 The wise man's eyes are in his head; but the fool walketh in darkness: and I myself perceived also that one event happeneth to them all.

15 Then said I in my heart, As it happeneth to the fool, so it happeneth even to me; and why was I then more wise? Then I said in my heart, that this also is vanity.

16 For there is no remembrance of the wise more than of the fool for ever; seeing that which now is in the days to come shall all be forgotten. And how dieth the wise man? as the fool.

10 Meampoww biribiara a me eni gyee ho; meankame eni-
gye biara emfi me akoma mu. Me eni gyee edwuma nyinaa a
meyɛe ho, nna ne nyinaa yɛ me nsa ano edwuma ho akatua.

11 Nti mehwɛɛ ade nyinaa meayɛ na ne ho brɛ a meabrɛ,
na mehunu sɛ ntease biara nni mu, te sɛ metaa mframa eky-
iri; ɛnkɔsi hwee wɔ asaase yi so.

Ntease Biara Nni Nyansa na Nkwaseasɛm Mu

12 Na medann me adwene kɔsii nyansa so, na eso abɔdam
na nkwaseasɛm. Dɛn koraa na nea ɔdi hene ne ade bɛtumi
ayɛ kyɛn dea woayɛ dadaw?

13 Na mehunn sɛ nyansa ye koraa kyɛn nkwaseasɛm,
sɛdea kandea ye koraa kyɛn sum.

14 Nyansani ne wɔ kandea wɔ ne tiri mu, na kwasea de,
ɔnam sum mu; nso mebɛtee ase sɛ ewiei koro noara na ɔto
hɔn beenu no nyinaa.

15 Nti medwenee wɔ me akoma mu sɛ, "Dea ɛbɛto kwa-
sea noara so na ɛbɛto me. Nti dɛn koraa na menya fi me
nyansa yi mu?" Nti mesee me ho sɛ, "Ɛyi so ntease biara
nni mu."

16 Ɛsiane sɛ nyansani na kwasea nyinaa no, wɔnkae wɔn
nkyɛre; nda ɛrebɛba ne mu no, obiara renkae wɔn. Nyansani
sɔ bɛwu te sɛ ɔkwasea pɛpɛɛpɛ!

8

17 Therefore I hated life; because the work that is wrought under the sun is grievous unto me: for all is vanity and vexation of spirit.

18 Yea, I hated all my labour which I had taken under the sun: because I should leave it unto the man that shall be after me.

19 And who knoweth whether he shall be a wise man or a fool? yet shall he have rule over all my labour wherein I have laboured, and wherein I have shewed myself wise under the sun. This is also vanity.

20 Therefore I went about to cause my heart to despair of all the labour which I took under the sun.

21 For there is a man whose labour is in wisdom, and in knowledge, and in equity; yet to a man that hath not laboured therein shall he leave it for his portion. This also is vanity and a great evil.

22 For what hath man of all his labour, and of the vexation of his heart, wherein he hath laboured under the sun?

23 For all his days are sorrows, and his travail grief; yea, his heart taketh not rest in the night. This is also vanity.

24 There is nothing better for a man, than that he should eat and drink, and that he should make his soul enjoy good in his labour. This also I saw, that it was from the hand of God.

25 For who can eat, or who else can hasten hereunto, more than I?

Ntease Biara Nni Brɛ Mu

17 Dɛm nti abrabɔ mu asetena fonoo me, ɛsiane sɛ dea nimpa yɛ wɔ asaase yi so nyinaa hyɛɛ me awerɛhow. Ne nyinaa ntease biara nni mu, te sɛ wotaa mframa ekyiri.

18 Nti mekyirr ndeɛma nyinaa mebrɛɛ nyae wɔ asaase yi so, ɛsiane sɛ ɛyɛ sɛ megya ne nyinaa ma nea ɔbɛdi me ade no.

19 Na woana bɛtumi akyerɛ sɛ ɔbɛyɛ nyansani anaa kwasea? Nso ɔbɛnya tumi wɔ dea meabrɛ de me ahooden ne me nyansa ayɛ wɔ asaase yi so. Ɛyi nyinaa ntease biara nni mu.

20 Nti mepaa abaw wɔ brɛ a meabrɛ nyinaa wɔ wiase yi mu.

21 Ɛsiane sɛ nimpa de nyansa ne nimdee soronko bɛyɛ ne edwuma, nso ɛyɛ sɛ ɔgya ne nyina ma nea woanyɛ ho edwuma koraa. Ɛyi nyinaa ntease biara nni mu na ɔhaw kɛse ankasa.

22 Dɛn koraa na nimpa nya fi ne brɛ ne haw nyinaa ɔde yɛ edwuma wɔ wiase yi mu?

23 Ne nda nyinaa no brɛ na awerɛhow nko na ɔnya fi ne edwuma mu; anago mpo na ɔda so redwendwen. Ɛyi so mpo ntease biara nni mu.

24 Nimpa rentumi nyɛ biribi pa nkyɛn sɛ ɔbɛdidi na ɔbɛnom na ɔbɛnya ahomka wɔ ne edwuma mu. Ɛyi mpo, Nyame na ɔde ma,

25 ɛsiane sɛ ɔnni hɔ a, woana bɛtumi ɛdidi anaa ɛnya eni-

26 For God giveth to a man that is good in his sight wisdom, and knowledge, and joy: but to the sinner he giveth travail, to gather and to heap up, that he may give to him that is good before God. This also is vanity and vexation of spirit.

Ecclesiastes 3

1 To every thing there is a season, and a time to every purpose under the heaven:

2 A time to be born, and a time to die; a time to plant, and a time to pluck up that which is planted;

3 A time to kill, and a time to heal; a time to break down, and a time to build up;

4 A time to weep, and a time to laugh; a tIme to mourn, and a time to dance;

5 A time to cast away stones, and a time to gather stones together; a time to embrace, and a time to refrain from embracing;

6 A time to get, and a time to lose; a time to keep, and a time to cast away;

7 A time to rend, and a time to sew; a time to keep silence, and a time to speak;

gye? 26 Nea a ɔsɔ ne eni no, Nyankopɔn ma no nyansa,
nimdee na enigye, na adebɔneyɛni no de ɔma no edwuma
sɛ ɔmboaboa ahonya ano mma nea ɔsɔ Nyankopɔn eni. Ɛyi
so ntease biara nni mu, te sɛ wotaa mframa ekyiri.

Ase-Nkyerɛase:

[a] Ɔsɛnkani Ti 2:8 Ha Hibriw sɛntɔw no ne nkyerɛase no
nda hɔ pefee.

Ɔsɛnkani Ti 3

Mberepa Wɔ Hɔ Ma Biribiara
 1 Mberepa wɔ hɔ ma biribiara,   na hyɛbere wɔ hɔ ma ade
biara a wɔyɛ no wɔ wiase:
 2 hyɛbere a wɔwo na hyɛbere so a wɔwu, hyɛbere a wɔtɛw
na hyɛbere so a wɔtew dea wɔtɛwee no,
 3 hyɛbere a wɔkum na hyɛbere so a wɔsa yare, hyɛbere a
wɔbubu gu famu na hyɛbere so a wɔsi kɔ soro,
 4 hyɛbere a wɔsu na hyɛbere a wɔserew, hyɛbere a
wɔgyam na hyɛbere a wɔsaw,
 5 hyɛbere a wɔbɔ abo apete na hyɛbere a wɔbowabowa
ano, hyɛbere a wɔyɛ atuu na hyɛbere a wɔtwe fi ho,
 6 hyɛbere a wɔhwehwɛ na hyɛbere a wɔgyaa ma ɛyera,
hyɛbere a wɔkita na hyɛbere a wɔtow kyene,
 7 hyɛbere a wɔtetew na hyɛbere a wɔpam, hyɛbere a wɔyɛ

12

8 A time to love, and a time to hate; a time of war, and a time of peace.

9 What profit hath he that worketh in that wherein he laboureth?

10 I have seen the travail, which God hath given to the sons of men to be exercised in it.

11 He hath made every thing beautiful in his time: also he hath set the world in their heart, so that no man can find out the work that God maketh from the beginning to the end.

12 I know that there is no good in them, but for a man to rejoice, and to do good in his life.

13 And also that every man should eat and drink, and enjoy the good of all his labour, it is the gift of God.

14 I know that, whatsoever God doeth, it shall be for ever: nothing can be put to it, nor any thing taken from it: and God doeth it, that men should fear before him.

15 That which hath been is now; and that which is to be hath already been; and God requireth that which is past.

16 And moreover I saw under the sun the place of judgment, that wickedness was there; and the place of righteousness, that iniquity was there.

17 I said in mine heart, God shall judge the righteous and the wicked: for there is a time there for every purpose and for every work.

18 I said in mine heart concerning the estate of the sons of

komm na hyɛbere a wɔkasa,

8 hyɛbere a wɔdɔ na hyɛbere a wɔtan, hyɛbere a wɔkɔ ako na hyɛbere a wɔpɛ asomdwee.

9 Dɛn na dwumayɛni nya fi ni brɛ mu?

10 Meehu adesoa a Nyame de ato nimpa so.

11 Ɔayɛ biribiara yie wɔ ne mberepa mu. Ɔde afebɔɔ ahyɛ nimpa akoma mu; nso nimpa ntumi nte dea Nyame ayɛ ase fi ahyɛse kɔsi ewiei.

12 Menim sɛ hweeara nsen sɛ nimpa bɛgye ne eni na ɔayɛ papa abere a ɔte ase.

13 Nso sɛ obiara bɛdi na woanom, na woenya ahomka wɔ ne edwuma nyina mu--Nyame ne akyɛde ne no.

14 Menim sɛ ade biara a Nyame bɛyɛ no bɛtim hɔ daa;obiara ntumi mfa bi nka ho anaa nyi bi mfi mu. Nyame yɛ ama nimpa ebu no krɔnkrɔn mu.

15 Dea ɛwɔ ha seisei no aba da, dea ɛbɛba so mpo aba da; na Nyame bɛbu dea abɛsen no atɛn. [a]

16 Na mehunn biribi so wɔ wiase mu: Tirimuden si atɛmbu pa ananmu, na emumuyɛ so tena bea a nkyɛ ɛsɛ sɛ atɛmbu pa firi.

17 Na mesee wɔ me akoma mu sɛ, " Nyame bɛbu obiara atɛn — etirimuyefo ne etirimudenfo nyina, ɛsiane sɛ hyɛbere wɔ hɔ ma edwuma biara, na hyɛbere wɔ hɔ ma ndeyɛe biara. "

18 Na bio so medwenee sɛ, "Adasamba de, Nyame sɔ

men, that God might manifest them, and that they might see that they themselves are beasts.

19 For that which befalleth the sons of men befalleth beasts; even one thing befalleth them: as the one dieth, so dieth the other; yea, they have all one breath; so that a man hath no preeminence above a beast: for all is vanity.

20 All go unto one place; all are of the dust, and all turn to dust again.

21 Who knoweth the spirit of man that goeth upward, and the spirit of the beast that goeth downward to the earth?

22 Wherefore I perceive that there is nothing better, than that a man should rejoice in his own works; for that is his portion: for who shall bring him to see what shall be after him?

Ecclesiastes 4

1 So I returned, and considered all the oppressions that are done under the sun: and behold the tears of such as were oppressed, and they had no comforter; and on the side of their oppressors there was power; but they had no comforter.

wɔn hwɛ ama wɔehu sɛ wɔte sɛ mbowa ara

19 Nimpa ne hyɛbea te sɛ mboa pɛrpɛr; hyɛbea koro noara na ɛwɔ hɔ ma wɔn nyina: Sɛ dea mboa wu no, sei ara so na nimpa wu. Wɔn nyina gye ahome koro noara [b] ; nimpa nsen abowa. Ne nyina nsɛ hwee.

20 Ateasefo nyina kɔ fakoro; wɔn nyina fi dɛte mu, na dɛte mu na obiara san kɔ .

21 Woana nim sɛ ebia nimpa sunsum foro soro na abowa sunsum siane [c] kɔ asaase mu? ”

22 Mehunn sɛ biribiara nsen sɛ dasani bɛnya enigye wɔ ne edwuma mu, ɛsiane ne sɛ ne kyɛpɛn ne no. Ɛsiane sɛ woana de no bɛsan abɛhwɛ dea ɛbɛsi ne ekyiri?

Ase-Nkyerɛase:

[a] Ɔsɛnkani Ti 3:15 Anaaso *Nyame frɛ abakɔsɛm*

[b] Ɔsɛnkani Ti 3:19 Anaaso *sunsum*

[c] Ɔsɛnkani Ti 3:21 Anaaso *Woana nim nimpa sunsum a ɛforo soro, ana aboa sunsum a ɛ-*

Ɔsɛnkani Ti 4

Nhyɛ, Brɛ, Ankonamyɛ

1 Bio so mehwɛe na mehunn nhyɛ nyina a ɛwɔ wiase: Me-hunn wɔn a wɔwɔ nhyɛ ase wɔn ninsuwa — nna wɔnni werɛkyekyeni biara; na tumi wɔ wɔn a wɔyɛ nhyɛ no afa

16

2 Wherefore I praised the dead which are already dead more than the living which are yet alive.

3 Yea, better is he than both they, which hath not yet been, who hath not seen the evil work that is done under the sun.

4 Again, I considered all travail, and every right work, that for this a man is envied of his neighbour. This is also vanity and vexation of spirit.

5 The fool foldeth his hands together, and eateth his own flesh.

6 Better is an handful with quietness, than both the hands full with travail and vexation of spirit.

7 Then I returned, and I saw vanity under the sun.

8 There is one alone, and there is not a second; yea, he hath neither child nor brother: yet is there no end of all his labour; neither is his eye satisfied with riches; neither saith he, For whom do I labour, and bereave my soul of good? This is also vanity, yea, it is a sore travail.

9 Two are better than one; because they have a good reward for their labour.

10 For if they fall, the one will lift up his fellow: but woe to him that is alone when he falleth; for he hath not another to help him up.

11 Again, if two lie together, then they have heat: but how can one be warm alone?

mu— ɛnti nna wɔnni werɛkyekyeni biara.

2 Na mesee sɛ ewufo a woewu dadaw no, wɔ enigye kyɛn ateasefo a wɔda ho te ase.

3 Na mbom nea ɔte yie ampaara nne nea a wɔnnwo no mpo, na ɔnnhu bɔne a wɔyɛ no wɔ wiase mu.

4 Na mehunn sɛ brɛ na mbɔdenbɔ nyina fi dasani ne nyɛnko ho enibere. Ɛyi so ntease biara nni mu; ɛte sɛ wotaa mframa ekyiri.

5 Kwasea de ne nsa hyɛ ne nan ntamu na ɔde ɔsɛe ba ne ho so.

6 Ketewa na asomdwee yɛ sen brɛ na ahonya na mframa ekyiritaa.

7 Bio so mehunn nkwaseasɛm bi wɔ wiase:

8 Ankonam bi tenaa ase; na ɔnni ba anaasɛ nua. Nso ne eni nsɔ ne ahonya, a ɔenya wɔ ne brɛ dodow mu. Ɔbisaa ne ho sɛ, "Woana na merebrɛ ama no, na dɛn nti na meresun-suan me enigye so?" Ɛyi so ntease biara nni mu — awerɛhowsɛm kɛsenara!

9 Beenu yɛ kyɛn biako, ɛsiane sɛ wɔwɔ mfaso wɔ wɔn ed-wuma mu:

10 Sɛ biako te hwe famu a, ne nyɛnko boa no ma ɔsɔre. Na nea a ɔte hwe a ɔnni obiara ma ɔaboa no ma ɔasɔre no ho yɛ mbɔbɔr ankasa!

11 Bio so, beenu da bɔ mu a, wɔka wɔn ho hyew. Biako bɛsi dɛn aka ɔnoara ho hyew?

18

12 And if one prevail against him, two shall withstand him; and a threefold cord is not quickly broken.

13 Better is a poor and a wise child than an old and foolish king, who will no more be admonished.

14 For out of prison he cometh to reign; whereas also he that is born in his kingdom becometh poor.

15 I considered all the living which walk under the sun, with the second child that shall stand up in his stead.

16 There is no end of all the people, even of all that have been before them: they also that come after shall not rejoice in him. Surely this also is vanity and vexation of spirit.

Ecclesiastes 5

1 Keep thy foot when thou goest to the house of God, and be more ready to hear, than to give the sacrifice of fools: for they consider not that they do evil.

2 Be not rash with thy mouth, and let not thine heart be hasty to utter any thing before God: for God is in heaven, and thou upon earth: therefore let thy words be few.

3 For a dream cometh through the multitude of business; and a fool's voice is known by multitude of words.

12 Sɛ biako bɛdi nkogu a, na beenu bɛtumi egyina ano. Ahoma a ɛpame ho ebiasa no ntew ntɛm.

Ntease Biara Nni Nkɔso Mu

13 Aberante hiani a ɔnim nyansa yɛ kyɛn hene akɔkora a ɔnnim nyansa na ɔntie afotu nso.

14 Anyɛ a na aberante no fi fiase na ɔde ɛbɛdi hene, anaaso wɔwo no ɔhia mu wɔ dɛm asaase ne so.

15 Na mehunn sɛ obiara ɔwɔ wiase mu no dii aberante no a ɔdii ɔhene no ade no ekyiri.

16 Wɔn a wɔdii ne enim kan dɔɔso. Na nso wɔn a wobae ne ekyiri so eni angye ne ho. Ɛyi so ntease biara nni mu, ɛte sɛ wotaa mframa ekyiri.

Ɔsɛnkani Ti 5

Suro Nyame

1 Hwɛ wo anantu yie sɛ wokɔ Nyame fie a. Kɔ na kɔtie kyɛn sɛ wobɛma afarebɔ te sɛ nkwaseafo a wonnim sɛ wɔreyɛ bɔne.

2 Mma mpɛ ntɛm nkasa, na mma wo akoma so nnyɛ pe-terepetere nkɔka biribiara wɔ Nyame enim. Nyame wɔ soro na wowɔ asaase, nti mma wo anomu nsɛm ndɔɔso.

3 Te sɛ daeso ba wɔ haw pii mu no, dɛm so na kwasea da noho edi wɔ ne kasa pii mu.

4 When thou vowest a vow unto God, defer not to pay it; for he hath no pleasure in fools: pay that which thou hast vowed.

5 Better is it that thou shouldest not vow, than that thou shouldest vow and not pay.

6 Suffer not thy mouth to cause thy flesh to sin; neither say thou before the angel, that it was an error: wherefore should God be angry at thy voice, and destroy the work of thine hands?

7 For in the multitude of dreams and many words there are also divers vanities: but fear thou God.

8 If thou seest the oppression of the poor, and violent perverting of judgment and justice in a province, marvel not at the matter: for he that is higher than the highest regardeth; and there be higher than they.

9 Moreover the profit of the earth is for all: the king himself is served by the field.

10 He that loveth silver shall not be satisfied with silver; nor he that loveth abundance with increase: this is also vanity.

11 When goods increase, they are increased that eat them: and what good is there to the owners thereof, saving the beholding of them with their eyes?

12 The sleep of a labouring man is sweet, whether he eat little or much: but the abundance of the rich will not suffer him to sleep.

4 Sɛ wohyɛ Nyame bɔ a, ma ntwentwan wo anan ase wɔ ne nyɛe ho. Ɔnni abotare ma nkwaseafo; di wo bɔhyɛ so.

5 Ɛyɛ koraa sɛ wonhyɛ bɔ sen sɛ wobɛhyɛ bɔ na wondi so.

6 Mma wo ano mfa wo nkɔ bone mu. Mma nka nkyerɛ asɔrefi somani no sɛ, "Me bɔhyɛ no na ɔyɛ mfomso." Adɛn nti na wobɛhyɛ Nyame ebufuw ma wo nsa ano edwuma asɛe?

7 Ɛsiane sɛ nsɛnka akɛse na kasadodow nkɔsi hwee. Dɛm nti suro Nyame.

Ntease Biara Nni Ahonya Mu

8 Sɛ wohu sɛ worehyɛ ehiafo so wɔ mantaw bi mu, sɛ wɔnnya atɛntenenee na wɔbu mbra fa hɔn so a, mma ɛnyɛ wo nwanwa; ɛsiane sɛ hene bi di mankrado so, na wɔn nyina so wɔhyɛ manpanin ase.

9 Asaase so mfaso kɔ obiara hɔ; ɔhene no so mpo nya ho mfaso no bi.

10 Obiara a ɔpɛ sika no ɔnya sika a ɔmee no da; nea a ɔdɔ ahonya so nya ahomka mfi ne ahonya dodow mu. Ɛyi so nkɔsi hwee.

11 Ahonya redɔɔso no, na hɔn a wɔdidi ho so redɔɔso. Dɛn mfaso na ne wura nya fi mu kyɛn sɛ ɔde ne eniwa hwɛ ara?

12 Nea ɔyɛ edwumaden didi pii o, didi kakraa o ne nda yɛ no dɛw, na sikani ne ahonya ntie no ma ɔnda.

13 There is a sore evil which I have seen under the sun, namely, riches kept for the owners thereof to their hurt.

14 But those riches perish by evil travail: and he begetteth a son, and there is nothing in his hand.

15 As he came forth of his mother's womb, naked shall he return to go as he came, and shall take nothing of his labour, which he may carry away in his hand.

16 And this also is a sore evil, that in all points as he came, so shall he go: and what profit hath he that hath laboured for the wind?

17 All his days also he eateth in darkness, and he hath much sorrow and wrath with his sickness.

18 Behold that which I have seen: It is good and comely for one to eat and to drink, and to enjoy the good of all his labour that he taketh under the sun all the days of his life, which God giveth him: for it is his portion.

19 Every man also to whom God hath given riches and wealth, and hath given him power to eat thereof, and to take his portion, and to rejoice in his labour; this is the gift of God.

20 For he shall not much remember the days of his life; because God answereth him in the joy of his heart.

Ecclesiastes 6

1 There is an evil which I have seen under the sun, and it is

13 Meahu bɔne yayaw bi wɔ wiase: ahonya ne ntia a ɔde mbusu brɛ ahonyani,

14 anaa ahonya bi a mbusu bi hwere ne nyina, ma ɔbɛwo na egyapade biara nni hɔ mma ba no.

15 Dɛ mbrɛ ɔfi ne na yamu adagyaw mu bae no, adagyaw mu ara so na ɔbɛfi wiase mu akɔ. Ne mbɔdenbɔ nyinaa eky-iri no, biribiara nni hɔ a ɔbɛtumi de akita ne nsamu akɔ.

16 Ɛyi so yɛ bɔne yayaw: Sɛdea dasani ba no, sɛɛ ara so na ɔkɔ, na sɛn mfaso na ɔnya kyɛn sɛ ɔbrɛ brɛ hunu?

17 Ne nda nyina ɔdidi adesaa, wɔ ahometew kɛse, ateetee na ebufuw mu.

18 Na mehunii sɛ, hwɛ, ɛyɛ sɛ dasani bɛdidi na ɔanom, na ɔenya ahomka wɔ ne brɛ edwuma nyina mu nkwa-nda tiaa a ɔwɔ no wɔ wiase yi mu — no so ne kyɛfa ne no.

19 Nkyii so, sɛ Nyame ma dasani ahonya pii na ɔma no ne ho enigye kwan a, ɔngye nto mu na ɔnya mu enigye — ɛyi yɛ Nyame akyɛde.

20 Ɔndwendwene abrabɔ mu nsɛm pii, ɛsiane sɛ Nyame de akoma mu enigye efuwa no.

Ɔsɛnkani Ti 6

1 Meahu bɔne yayaw bi so wɔ wiase, na ɔhyɛ adasa so.

24

common among men:

2 A man to whom God hath given riches, wealth, and honour, so that he wanteth nothing for his soul of all that he desireth, yet God giveth him not power to eat thereof, but a stranger eateth it: this is vanity, and it is an evil disease.

3 If a man beget an hundred children, and live many years, so that the days of his years be many, and his soul be not filled with good, and also that he have no burial; I say, that an untimely birth is better than he.

4 For he cometh in with vanity, and departeth in darkness, and his name shall be covered with darkness.

5 Moreover he hath not seen the sun, nor known any thing: this hath more rest than the other.

6 Yea, though he live a thousand years twice told, yet hath he seen no good: do not all go to one place?

7 All the labour of man is for his mouth, and yet the appetite is not filled.

8 For what hath the wise more than the fool? what hath the poor, that knoweth to walk before the living?

9 Better is the sight of the eyes than the wandering of the desire: this is also vanity and vexation of spirit.

10 That which hath been is named already, and it is known that it is man: neither may he contend with him that is mightier than he.

11 Seeing there be many things that increase vanity, what is

2 Nyame ma dasani bi ahonya ne enimunyam, ɛma ɔnhia biribiara a ne akoma pɛ, eso Nyame mma no tumi sɛ ɔbɛnya mu enigye—ɔnanani bi na ɔnya mu enigye. Ɛyi yɛ bɔne kɛse a ntease biara nni mu.

3 Sɛ dasani nyini kyɛre, na ɔwo mba ɔha; eso ne nyinikyɛre nyina ekyiri no, sɛ ɔenya ne nhyira mu enigye na ɔenya eyi pa a, mese sɛ ɔpon-ba enya no yie kyɛn no.

4 Ne mbae ntease nni mu, sum mu na ɔsan kɔ, na sum akata ne huandin so.

5 Ɔanhu ewia anaa nimdee biara da, eso ɔwo asomdwee sen dasani no a

6 ɔnya nyinikyɛre mboroso na nso ɔnnya enigye wɔ ne nhyira mu. Hɔn nyina nkɔ bea koro noara?

7 Dasani ne mbɔdembɔ nyina firi ne anomu apɛde, eso ɔmmee da.

8 Nyansani ne papa a ɔnya kyɛn kwasea ne sɛn? Dɛn na hiani a ɔnim mbrɛ wɔyɛ ade wɔ bagua mu nya?

9 Eniwa adehu yɛ kyɛn akɔndɔ ekyinkyini. Ɛyi so ntease biara nni mu, mframa ekyiritaa a.

10 Dea dasani ahu biara, ɔato ne din dadaw, na nimpa suban da hɔ pefee dadaw; nimpa biara renntum mfa nea ɔwɔ ahoɔden kyɛn no ndi esi.

11 Kasa redɔɔso no na ntease a ɛwɔ mu resa, nti mfaso bɛn na ɛde brɛ obiara?

man the better?

12 For who knoweth what is good for man in this life, all the
days of his vain life which he spendeth as a shadow? for
who can tell a man what shall be after him under the sun?

Ecclesiastes 7

1 A good name is better than precious ointment; and the
day of death than the day of one's birth.

2 It is better to go to the house of mourning, than to go to
the house of feasting: for that is the end of all men; and the
living will lay it to his heart.

3 Sorrow is better than laughter: for by the sadness of the
countenance the heart is made better.

4 The heart of the wise is in the house of mourning; but the
heart of fools is in the house of mirth.

5 It is better to hear the rebuke of the wise, than for a man
to hear the song of fools.

6 For as the crackling of thorns under a pot, so is the laugh-
ter of the fool: this also is vanity.

7 Surely oppression maketh a wise man mad; and a gift de-
stroyeth the heart.

8 Better is the end of a thing than the beginning thereof: and
the patient in spirit is better than the proud in spirit.

9 Be not hasty in thy spirit to be angry: for anger resteth in

12 Woana nim dea ɔyɛ papa ma dasani wɔ abrabɔ mu, wɔ
ne nda kakra a ntease biara nni mu a ɔtwa mu ntɛntɛm sɛ
sunsuma? Woana bɛtumi akyerɛ no dea ɔbɛsi wɔ wiase wɔ
ne ekyiri?

Ɔsɛnkani Ti 7

Nyansa

1 Din pa yɛ kyɛn seradehuam, na owuda yɛ kyɛn awoda.

2 Ɛyɛ sɛ wobɛkɔ eyiase kyɛn sɛ wobɛkɔ apontu ase, ɛsiane
sɛ dasani biara ne ewiei ne owu; nti ateasefo mfa ho ad-
wene.

3 Awerɛhow yɛ kyɛn serew, ɛsiane sɛ enim a ɔkyerɛ
awerɛhow yɛ ma akoma.

4 Enyansafo akoma wɔ eyiase, na nkwaseafo akoma wɔ
apontu ase.

5 Ɛyɛ sɛ wobɛtie nyansani ni enimuka kyɛn sɛ wobɛtie kwa-
sea ne dwomtow.

6 Nkwasea serew te sɛ nsoɛ turuturuw wɔ kutu ase. Ɛyi so
nyansa biara nni mu.

7 Epuowbɔ dane nyansani ma ɔyɛ kwasea, na kɛtɛasehyɛ
porɔw akoma.

8 Asɛm ne ewiei yɛ kyɛn ne ahyɛse, na abotare yɛ kyɛn
ahomaso.

9 Mma ebufuw nhyɛ wo ma ntɛm, ɛsiane sɛ nkwaseafo na

28

the bosom of fools.

10 Say not thou, What is the cause that the former days were better than these? for thou dost not enquire wisely concerning this.

11 Wisdom is good with an inheritance: and by it there is profit to them that see the sun.

12 For wisdom is a defence, and money is a defence: but the excellency of knowledge is, that wisdom giveth life to them that have it.

13 Consider the work of God: for who can make that straight, which he hath made crooked?

14 In the day of prosperity be joyful, but in the day of adversity consider: God also hath set the one over against the other, to the end that man should find nothing after him.

15 All things have I seen in the days of my vanity: there is a just man that perisheth in his righteousness, and there is a wicked man that prolongeth his life in his wickedness.

16 Be not righteous over much; neither make thyself over wise: why shouldest thou destroy thyself ?

17 Be not over much wicked, neither be thou foolish: why shouldest thou die before thy time?

18 It is good that thou shouldest take hold of this; yea, also from this withdraw not thine hand: for he that feareth God shall come forth of them all.

19 Wisdom strengtheneth the wise more than ten mighty

ebufuw te hɔn srɛ so daa.

10 Mma nka sɛ, "Ɛba no sɛn na nkan no yɛ kyɛn ndɛbere yi?" Ɛsiane sɛ ɛnkyerɛ nyansa sɛ wobisa saa.

11 Nyansa yɛ te sɛ egyapade ara, na ɛboa wɔn a wɔte ase.

12 Nyansa yɛ akoban te sɛ sika ara, eso nimdee ne papa kɛse ne sɛ: nyansa kora nyansani no nkwa.

13 Hwɛ dea Nyame ayɛ: Woana bɛtumi atene ade a ɔakyea no?

14 Sɛ mberepa ba a, nya enigye; na nso mberebɔne ba a, dwene ho sɛ: Nyame a ɔbɔɔ mberepa noara so na ɔbɔɔ mberebɔne. Sɛɛ nti, dasani rentumi nkyerɛ mbrɛ ne daamba bɛyɛ.

15 Wɔ me bra yi a ntease biara nni mu yi meahu ebien yi: teneeni a ɔawu ntɛm wɔ ne teneenee mu, na tirimudenni a ɔanyini akyɛre wɔ ne etirimuden mu.

16 Mma nyɛ teneenee mboro so, sɛɛ ara so na mma nyɛ nyansani dodow—woresɛɛ woho ayɛ dɛn?

17 Mma nyɛ etirimuden mboro so, na mma nyɛ kwasea—wobɛwu ansa wo mbere aso ma ayɛ dɛn?

18 Ɛyɛ sɛ wobɛsuo koro mu na wongyaa koro so mu. Nea ɔsuro Nyame no kyiri suban mboroso nyina[a]

19 Nyansa nti nyansani baakoro wɔ tumi kyɛn kurow ahemfo du.

men which are in the city.

20 For there is not a just man upon earth, that doeth good, and sinneth not.

21 Also take no heed unto all words that are spoken; lest thou hear thy servant curse thee:

22 For oftentimes also thine own heart knoweth that thou thyself likewise hast cursed others.

23 All this have I proved by wisdom: I said, I will be wise; but it was far from me.

24 That which is far off, and exceeding deep, who can find it out?

25 I applied mine heart to know, and to search, and to seek out wisdom, and the reason of things, and to know the wickedness of folly, even of foolishness and madness:

26 And I find more bitter than death the woman, whose heart is snares and nets, and her hands as bands: whoso pleaseth God shall escape from her; but the sinner shall be taken by her.

27 Behold, this have I found, saith the preacher, counting one by one, to find out the account:

28 Which yet my soul seeketh, but I find not: one man among a thousand have I found; but a woman among all those have I not found.

29 Lo, this only have I found, that God hath made man upright; but they have sought out many inventions.

20 Teneneeni biara nni asaase so a ɔyɛ dea ɔsɛ na ɔnyɛ bɔne da.

21 Mma nkyɛn wo asoa ntie biribiara a nkorɔfo ka; anhwɛ a na ate sɛ obi redi woho yaw-

22 ɛsiane sɛ woara nim sɛ woso wodi binom ho yaw sei ara a wompɛ sɛ wɔte.

23 Ɛyi nyina mede nyansa sɔe hwɛe na mekaa sɛ, "Measi me adwen pi sɛ mebɛyɛ nyansani "— eso na ɛboro me so.

24 Dea nyansa te biara no, ne ntease wɔ ekyiri na ne mu dɔ— woana bɛtumi ahu ne ahyɛse?

25 Nti medann me adwen kɔrr nyansapɛ so, sɛ mebɛhwehwɛ na meapɛnsapɛnsa sɛdea ndeɛmba te ama meate etirimuden ne nkwaseade a ɛyɛ ase, na nkwaseasɛm ne abɔdam a ɛyɛ.

26 Ɔbea a ɔyɛ asawu, ne akoma yɛ efiri na ne nsa yɛ nkɔnsɔnkɔnsɔn—ɔyɛ wene kyɛn owu. Nea ɔsɔ Nyame eni no bɛguane efiri ne nkyɛn, na ɔbɛma adebɔneyɛni ahwe ase.

27 Ɔsɛnkani no se, "Hwɛ, [b] na dea meahu ne ɛyi: "Abere a merehwehwɛ ndeɛmba mu nkorokoro no-

28 na meanhu hwee no— mehunn barimba tenenee biako wɔ apem mu, eso meanya bea biako wɔ wɔn nyina mu.

29 Dea meahu nkotoo ni: Nyame bɔɔ dasani teneneeni, eso nimpa akɔdi wɔn tirimu nhyehyɛɛ pii ekyiri. "

Ase-Nkyerɛase:

Ecclesiastes 8

1 Who is as the wise man? and who knoweth the interpreta-
tion of a thing? a man's wisdom maketh his face to shine,
and the boldness of his face shall be changed.
2 I counsel thee to keep the king's commandment, and that
in regard of the oath of God.
3 Be not hasty to go out of his sight: stand not in an evil
thing; for he doeth whatsoever pleaseth him.
4 Where the word of a king is, there is power: and who may
say unto him, What doest thou?
5 Whoso keepeth the commandment shall feel no evil thing:
and a wise man's heart discerneth both time and judgment.
6 Because to every purpose there is time and judgment,
therefore the misery of man is great upon him.
7 For he knoweth not that which shall be: for who can tell
him when it shall be?
8 There is no man that hath power over the spirit to retain
the spirit; neither hath he power in the day of death: and
there is no discharge in that war; neither shall wickedness
deliver those that are given to it.

[a] Ɔsɛnkani Ti 7:18 Anaaso *ɔbɛdi ebien no nyina ekyiri*

[b] Ɔsɛnkani Ti 7:27 Anaa *nimpakuw mu panin*

Ɔsɛnkani Ti 8

1 Woana na ɔte sɛ nyansani? Woana na ɔnim nsɛm nkyerɛase? Nyansa ma nimpa enim hyerɛn na ɔma ne enim yɛ ahomka.

Yɛ Asotie Ma Hene No

2 Mese, di hene ne nhyɛ so, ɛsiane sɛ woaka ntam wɔ Nyame enim sɛ wobɛdi hene no ni.

3 Ma mpɛ ntɛm sɛ wobɛfi hene no enim. Ma ngyina mma asɛmhuw wɔ ne enim, ɛsiane sɛ ɔbɛyɛ dea ɔpɛ biara.

4 Hene ne anomu nsɛm wɔ tumi kyɛn obiara asɛm, nti woana bɛtumi ɛbisa no sɛ, " Dɛn na woreyɛ yi? "

5 Mbusu rento nea ɔdi ne nhyɛ so, na nyansa akoma bɛhu amambrɛ biara na ne mberepa a wɔde yɛ.

6 Ɛsiane sɛ amanbrɛ biara wɔ ne bere a wɔde yɛ; sɛ haw kɛse mpo da nimpa so a.

7 Obiara nnim daakye, nti woana bɛkyerɛ no dea ɛreba?

8 Obiara ndi mframa so tumi [a] ; dɛ mbrɛ obiara nni ne wuda ho tumi.Dɛ mbrɛ wɔmma sordaani kwan sɛ ɔnkɛtena fie wɔ ɔsabere mu no, dɛm ara so na bɔne ngyaa adebɔneyɛfo.

34

9 All this have I seen, and applied my heart unto every work that is done under the sun: there is a time wherein one man ruleth over another to his own hurt.

10 And so I saw the wicked buried, who had come and gone from the place of the holy, and they were forgotten in the city where they had so done: this is also vanity.

11 Because sentence against an evil work is not executed speedily, therefore the heart of the sons of men is fully set in them to do evil.

12 Though a sinner do evil an hundred times, and his days be prolonged, yet surely I know that it shall be well with them that fear God, which fear before him:

13 But it shall not be well with the wicked, neither shall he prolong his days, which are as a shadow; because he feareth not before God.

14 There is a vanity which is done upon the earth; that there be just men, unto whom it happeneth according to the work of the wicked; again, there be wicked men, to whom it happeneth according to the work of the righteous: I said that this also is vanity.

15 Then I commended mirth, because a man hath no better thing under the sun, than to eat, and to drink, and to be merry: for that shall abide with him of his labour the days of his life, which God giveth him under the sun.

16 When I applied mine heart to know wisdom, and to see

9 Ɛyi nyinaa mehunii bere a mefaa wiase mu nsɛm ho ad-
wene. Ɛtɔ fabi so a, dasani di nkorɔfo so tumi a noara [b]
haw noho.

10 Eso mehunn abɔnefo a ɔesie wɔn a na wɔsen kɔgye
ayɛyi wɔ krɔnkrɔn bea [c] wɔ kurow a wɔdi bone wɔ mu no.
Ɛyi so ntease biara nni mu.

11 Sɛ bone ne ntea amba ntɛm a, nimpa fa bone apam pii.

12 Sɛ tirimudenni di bone dodow ɔha na nso ɔnyini kyɛre a,
menim sɛ ɛbɛsi yie ama wɔn a wɔsuro Nyame akyɛn no.

13 Eso ɛsiane sɛ etirimudenfo nsuro Nyame nti, ɛnsi wɔn
yie, na wɔrenyini nkyɛre so.

14 Biribi so a ntease nni mu wɔ wiase: ateneneefo a dea
ɛfata adebɔneyɛfo na ɛba wɔn so, na adebɔneyɛfo a dea
ɛfata ateneneefo na ɛba wɔn so. Mese, ɛyi so ntease biara
nni mu.

15 Nti mekamfoo abrabɔ mu enigye, ɛsiane sɛ biribiara
nsen sɛ dasani bɛnom na ɔbɛdi na ne eni bɛgye wɔ wiase
mu. Dɛm no ɔbɛnya enigye wɔ ne edwuma mu ne nkwa nda
nyina a Nyame de ama no wɔ wiase.

16 Nti mefaa adwene sɛ mebɛhu nyansa na mebɛhwɛ
dasani ne brɛ wɔ wiase--sɛ ɔnda adesaa ne adekyee--

the business that is done upon the earth: (for also there is
that neither day nor night seeth sleep with his eyes)

17 Then I beheld all the work of God, that a man cannot find
out the work that is done under the sun: because though a
man labour to seek it out, yet he shall not find it; yea farther;
though a wise man think to know it, yet shall he not be able
to find it.

Ecclesiastes 9

1 For all this I considered in my heart even to declare all
this, that the righteous, and the wise, and their works, are in
the hand of God: no man knoweth either love or hatred by all
that is before them.

2 All things come alike to all: there is one event to the right-
eous, and to the wicked; to the good and to the clean, and to
the unclean; to him that sacrificeth, and to him that sacri-
ficeth not: as is the good, so is the sinner; and he that
sweareth, as he that feareth an oath.

3 This is an evil among all things that are done under the
sun, that there is one event unto all: yea, also the heart of
the sons of men is full of evil, and madness is in their heart
while they live, and after that they go to the dead.

17 na mehunii dea Nyame ayɛ nyina. Obiara rentumi nte dea ɔsi wɔ wiase yi ase. Dasani bɔ ne ho mbɔden dɛn ara a, ɔnte ase. Sɛ nyansani ka sɛ ɔnim mpo a, ɔntumi nte ase.

Ase-Nkyerɛase:

[a] Ɔsɛnkani Ti 8:8 Anaaso *ne sunsum*

[b] Ɔsɛnkani Ti 8:9 Anaaso *hɔnara hɔnho*

[c] Ɔsɛnkani Ti 8:10 Hibriwu akyerɛw na Sɛptuagyente

(A kwila Hibriwu akyerɛw pii *na wɔnkae wɔn*

Ɔsɛnkani Ti 9

Yɛn Nyina Yɛn Ewiei Koro

1 Nti medwenee ɛyi nyina ho na mehunii sɛ ateneneefo na anyansafo ndwumadi nyina hyɛ Nyame nsa, na nso nimpa biara ntumi nkyerɛ sɛ dɔ anaa tan na ɛretwɛɔn no.

2 Obiara ne ewiei koro — ateneneefo na atirimudenfo, apapafo na abɔnefo, [a] ahotewfo na ahogufifo, wɔn a wɔbɔ afɔre ma Nyame na wɔn a wɔmbɔ. Sɛ dea ɛto nimpa papa no, sei ara so na ɛto nimpa bɔne; sɛ dea ɛto wɔn a wɔka ntam no, sei ara so na ɛto wɔn a wɔsuro ntanka.

3 Bɔne a ɛwɔ dea ɛsi wɔ wiase mu ni: Nkrabea koro na ɛto obiara. Adasafo akoma de, bɔne ahyɛ mu ma, na dambɔ wɔ wɔn akoma mu abere a wɔte ase, na ne ekyiri no wɔkɔdi awufo nkyɛn.

38

4 For to him that is joined to all the living there is hope: for a living dog is better than a dead lion.

5 For the living know that they shall die: but the dead know not any thing, neither have they any more a reward; for the memory of them is forgotten.

6 Also their love, and their hatred, and their envy, is now perished; neither have they any more a portion for ever in any thing that is done under the sun.

7 Go thy way, eat thy bread with joy, and drink thy wine with a merry heart; for God now accepteth thy works.

8 Let thy garments be always white; and let thy head lack no ointment.

9 Live joyfully with the wife whom thou lovest all the days of the life of thy vanity, which he hath given thee under the sun, all the days of thy vanity: for that is thy portion in this life, and in thy labour which thou takest under the sun.

10 Whatsoever thy hand findeth to do, do it with thy might; for there is no work, nor device, nor knowledge, nor wisdom, in the grave, whither thou goest.

11 I returned, and saw under the sun, that the race is not to the swift, nor the battle to the strong, neither yet bread to the wise, nor yet riches to men of understanding, nor yet favour to men of skill; but time and chance happeneth to them all.

12 For man also knoweth not his time: as the fishes that are taken in an evil net, and as the birds that are caught in the

4 Nea ɔwɔ nkwa biara wɔ enidaso [b] — kraman a ɔte ase
yɛ kyɛn gyata ɔawu!

5 Ɛsiane sɛ ateasefo nim sɛ wɔbɛwu, na awufo nnim hwee;
wɔnni akatua biara bio, obiara nkae wɔn mpo bio.

6 Wɔn dɔ, wɔn tan na wɔn enitan nyina ayew dadaw; wɔnya
kyɛfa wɔ biribiara a ɛsi wɔ wiase mu bio.

7 Kɔ, kɔdidi wɔ enigye mu, na nom wo nsa wɔ ahomka mu,
ɛsiane sɛ dɛm mbere yi na Nyame ne eni sɔ dea woyɛ.

8 Abere biara hyɛ fufuw, na sera wo tirimu ngo.

9 Gye wo eni wɔ abrabɔ yi mu, wo ne wo yere a wodɔ no,
wo nkwada nyina yi a ntease biara nni mu a Nyame de ama
wo wɔ wiase. Wo kyɛfa wɔ wiase bra yi na ne mu brɛ ed-
wuma nyina ne no.

10 Dea wo nsa bɛsuo mu ayɛ no, fa wo ho nyina hyɛ mu na
yɛ, ɛsiane sɛ asamanade [c] a worekɔ no, edwumayɛ anaa
nhyehyɛɛ anaa nimdee anaa nyansa biara nni hɔ.

11 Meahu biribi so wɔ wiase: Mbirikatu akansi akyɛde nkɔ
ahohareni hɔna nso ɔsa nkɔnimdi nyɛ hoɔdenni de, nyan-
safo nnya ediban na abemfo nnya ahonya na nso enimpa
nkɔ nimdeefo nkyɛn; mberebɔne na mberepa to wɔn nyina.

12 Afei so, obiara nnim dɔnhwere a ne mbere bɛba: Te sɛ
nam a ɔaka efiri yaw mu, anaa te sɛ nnoma ka wɔ buw efiri
mu no, dɛm ara so na adasafo ka wɔ mberebɔne a ɛba
wɔnso mpofirimu.

40

snare; so are the sons of men snared in an evil time, when it falleth suddenly upon them.

13 This wisdom have I seen also under the sun, and it seemed great unto me:

14 There was a little city, and few men within it; and there came a great king against it, and besieged it, and built great bulwarks against it:

15 Now there was found in it a poor wise man, and he by his wisdom delivered the city; yet no man remembered that same poor man.

16 Then said I, Wisdom is better than strength: nevertheless the poor man's wisdom is despised, and his words are not heard.

17 The words of wise men are heard in quiet more than the cry of him that ruleth among fools.

18 Wisdom is better than weapons of war: but one sinner destroyeth much good.

Ecclesiastes 10

1 Dead flies cause the ointment of the apothecary to send forth a stinking savour: so doth a little folly him that is in reputation for wisdom and honour.

Nyansa Yɛ Kyɛn Kwasea

13 Mehunn nyansa bi a ɛsɔɔ me eni kɛse:

14 Na kurow ketekete a wɔatow ho ban bi a ne nkorɔfo ndɔɔso wɔ hɔ. Na hene katakyi bi bɛkoe tiaa kurow no; ɔtwaa ho hyiae na ɔhyehyɛɛ akode tiaa no.

15 Wɔ kurow ne mu no, nyansani bi a ɔyɛ hiani de ne nyansa gyee kurow no, nso obiara ankae dɛm hiani no.

16 Nti mesee sɛ, "Nyansa yɛ kyɛn ahoɔden." Nso wɔbu hiana ni nyansa totoroba, na wɔntie ne asɛm bio.

17 Nyansani ne nsɛm a ɔka no berɛww no fata ntie kyɛn nkwaseafo so hene ne nkekamu.

18 Nyansa yɛ kyɛn akode, na nso bɔneyɛni koro sɛe adepa pii.

Ase-Nkyerɛase:

[a] Ɔsɛnkani Ti 9:2 Sɛptuagyente (Akwila), Vɔlgete na Siriak; Hibriwu nni *na abɔnefo*.

[b] Ɔsɛnkani Ti 9:4 Anaaso *Dɛn na dasani mfa? Wɔn a wɔte ase de, wɔwɔ enidaso*

[c] Ɔsɛnkani Ti 9:10 Hibriwu *Shɛol*

Ɔsɛnkani Ti 10

1 Sɛdea nwansena funu ma eduruhuam nka bɔne no, sei ara so na nkwaseasɛm kakra sɛe nyansa ne enimunyam.

2 A wise man's heart is at his right hand; but a fool's heart at his left.

3 Yea also, when he that is a fool walketh by the way, his wisdom faileth him, and he saith to every one that he is a fool.

4 If the spirit of the ruler rise up against thee, leave not thy place; for yielding pacifieth great offences.

5 There is an evil which I have seen under the sun, as an error which proceedeth from the ruler:

6 Folly is set in great dignity, and the rich sit in low place.

7 I have seen servants upon horses, and princes walking as servants upon the earth.

8 He that diggeth a pit shall fall into it; and whoso breaketh an hedge, a serpent shall bite him.

9 Whoso removeth stones shall be hurt therewith; and he that cleaveth wood shall be endangered thereby.

10 If the iron be blunt, and he do not whet the edge, then must he put to more strength: but wisdom is profitable to direct.

11 Surely the serpent will bite without enchantment; and a babbler is no better.

12 The words of a wise man's mouth are gracious; but the lips of a fool will swallow up himself.

13 The beginning of the words of his mouth is foolishness: and the end of his talk is mischievous madness.

2 Nyansa kɔsi bra pa, na nkwaseasɛm kɔsi bra bɔne.

3 Sɛ kwasea nam kwan do mpo a, ne nantew kyerɛ sɛ ɔnnim nyansa.

4 Sɛ hene bu fuw wo a, mma nsuro; abodwe brɛbrɛ mfom kɛse ase.

5 Bɔne kɛse bi wɔ wiase yi mu, mfom a ɛfiri nea ɔdi hene:

6 Ɔma nkwaseafo di tumi, aber a anyansafo wɔ hɔ.

7 Meahu sɛ agyingyamfo te apakan mu regye enimunyam, aber a enimunyamfo nam famu.

8 Wotu amona a woara bɛtumi tɔ mu; na obiara a ɔdɔw efuw no, ɔwɔ bɛtumi aka no.

9 Nea ɔpue abo no, abo na ɛpira no; nea ɔpaa ndua no, ndua na ɛpira no.

10 Sɛ ekuma ano ɛkum na wɔnsewee a, ne adeyɛ hiaahɔɔden pii; na nyansa de nkonim bɛba.

11 Sɛ ɔwɔ ka ansa woadwedwe no a, kaberɛkyereni no nnya mfaso biara.

12 Nyansani ne anomu nsɛm ma ahomka na kwasea de, ne sɛe fi ɔnoara ne anomu.

13 Ahyɛse de, ne kasa yɛ nkwaseasɛm kɛkɛ; na ne ekyiri de, ɛyɛ abɔdamsɛm ankasa-

14 A fool also is full of words: a man cannot tell what shall be; and what shall be after him, who can tell him?

15 The labour of the foolish wearieth every one of them, because he knoweth not how to go to the city.

16 Woe to thee, O land, when thy king is a child, and thy princes eat in the morning!

17 Blessed art thou, O land, when thy king is the son of nobles, and thy princes eat in due season, for strength, and not for drunkenness!

18 By much slothfulness the building decayeth; and through idleness of the hands the house droppeth through.

19 A feast is made for laughter, and wine maketh merry: but money answereth all things.

20 Curse not the king, no not in thy thought; and curse not the rich in thy bedchamber: for a bird of the air shall carry the voice, and that which hath wings shall tell the matter.

Ecclesiastes 11

1 Cast thy bread upon the waters: for thou shalt find it after many days.

14 na ɔkasakasa ne ano. Obiara nnim dea ɛreba— woana bɛtumi akyerɛ dea ɛbɛsi ekyiri?

15 Kwasea ne edwuma hyɛ no brɛ; ɔnhu kurowmu kwan mpo.

16 Hwɛ yie, asaase a ne hene na ɔyɛ akowa[a]na ne ade-hye hyɛ hɔn afono mu ma anapa.

17 Nhyira aka wo, asaase a ne hene wɔtete no wɔ ahem-fiena ne adehye wodidi wɔ mbere pa mu— wɔde nya ahoɔden nyɛ wɔde bow.

18 Sɛ obi yɛ kwadweni a, ne dan so nkurii gogow; sɛ ɔte hɔ gyan a, ne dan no wini.

19 Serew pa nti na aponto yɛ dɛ, na nsa ma bra yɛ enigye, na nso sika yi ade nyinara ano.

20 Ma nkyiri hene no wɔ wo tirimu mpo, anaaso ma mpaa ahonyafo wɔ wo dan mu, esiane sɛ anoma bi bɛte, na anoma bɛka akyerɛ wɔn.

Ase-Nkyerɛase:
[a] Ɔsɛnkani Ti 10:16 Anaaso *hene a ɔyɛ abofraba*

Ɔsɛnkani Ti 11

Gu wo aba ntɛm
1 Ma wo ayamuye ndɔɔso, na nda pii ekyiri no, ɛbɛsan abɛhyira wo.

46

2 Give a portion to seven, and also to eight; for thou know-est not what evil shall be upon the earth.

3 If the clouds be full of rain, they empty themselves upon the earth: and if the tree fall toward the south, or toward the north, in the place where the tree falleth, there it shall be.

4 He that observeth the wind shall not sow; and he that re-gardeth the clouds shall not reap.

5 As thou knowest not what is the way of the spirit, nor how the bones do grow in the womb of her that is with child: even so thou knowest not the works of God who maketh all.

6 In the morning sow thy seed, and in the evening withhold not thine hand: for thou knowest not whether shall prosper, either this or that, or whether they both shall be alike good.

7 Truly the light is sweet, and a pleasant thing it is for the eyes to behold the sun:

8 But if a man live many years, and rejoice in them all; yet let him remember the days of darkness; for they shall be many. All that cometh is vanity.

9 Rejoice, O young man, in thy youth; and let thy heart cheer thee in the days of thy youth, and walk in the ways of thine heart, and in the sight of thine eyes: but know thou, that for all these things God will bring thee into judgment.

10 Therefore remove sorrow from thy heart, and put away evil from thy flesh: for childhood and youth are vanity.

2 Kyerɛ dɔ, na mma nwinwin, ɛsiane sɛ wonnim dabɔne a ɛbɛba asaase so.

3 Sɛ nsu hyɛ mmununkum ma a, ɛtɔ gu asaase so. Sɛ mframa ka dua to famu a , bea a ɛtwa hwe no, hɔ na ɛbɛda.

4 Nea ɔdi mframa ne suban ekyiri no rendua hwee; na nea a ɔhwɛ mmununkum no so rentwa.

5 Sɛdea wonnim bea a mframa ne kwan da, anaa sɛdea abofra nyini wɔ [a] ɔpemni yamu no, sei ara so na wontumi nte Ɔbɔade Nyame edwuma ase.

6 Kɔ edwuma anapa, na kɔdo ara kɔsi ewimbere, ɛsiane sɛ wonnim dea ɛwɔ mu a ɛbɛyɛ yie, sɛ ɛyi anaa sɛ ɛno, anaa sɛ ne nyina bɛyɛ yie.

Kae Wo Bɔfo Wɔ Wo Mberantebere Mu

7 Ampa, kan yɛ dɛ, na ɛyɛ enigye sɛ wobɛhu ewia.

8 Mfe dodow biara a nimpa bɛnyini no, ma ɔnya ne nyina mu enigye. Na mbom, ma ɔnkae sum nda no a ɛbɛba no, ɛsiane sɛ ɛbɛyɛ pii. Dea ɛbɛba no nyina so ntease biara nni mu.

9 Di dɛw, aberanteba, ma wo akoma mma wo enigye wɔ wo mberantebere mu. Di wo akoma ekyiri ne ade biara a wo eniwa hu, na nso, kae sɛ ne nyina mu no Nyankopɔn bɛbisa wo ho asɛm.

10 Nti, yi ayamuhyehye fi wo akoma mu na tow ɔhaw kyene, ɛsiane sɛ mberantebere na ahoɔden so ntease biara nni mu.

48

Ecclesiastes 12

 1 Remember now thy Creator in the days of thy youth, while the evil days come not, nor the years draw nigh, when thou shalt say, I have no pleasure in them;

 2 While the sun, or the light, or the moon, or the stars, be not darkened, nor the clouds return after the rain:

 3 In the day when the keepers of the house shall tremble, and the strong men shall bow themselves, and the grinders cease because they are few, and those that look out of the windows be darkened,

 4 And the doors shall be shut in the streets, when the sound of the grinding is low, and he shall rise up at the voice of the bird, and all the daughters of musick shall be brought low;

 5 Also when they shall be afraid of that which is high, and fears shall be in the way, and the almond tree shall flourish, and the grasshopper shall be a burden, and desire shall fail: because man goeth to his long home, and the mourners go about the streets:

 6 Or ever the silver cord be loosed, or the golden bowl be broken, or the pitcher be broken at the fountain, or the wheel broken at the cistern.

 7 Then shall the dust return to the earth as it was: and the spirit shall return unto God who gave it.

 8 Vanity of vanities, saith the preacher; all is vanity.

Ase-Nkyerɛase:

[a] Ɔsɛnkani Ti 11:5 Anaa *ɔnim sɛdea nkwa* (anaa *hon-hom*) / ba nyinsɛn mu

Ɔsɛnkani Ti 12

1 Kae wo Bɔfo wɔ wo mberantebere mu, ansa na mpaninyɛ ne mu mberɛwyɛ abɛto wo, -

2 ansa na adehu ahyɛ ase sɛ ɛredum na wiase nyina ayɛ tumm, na eso awerɛhow adi eninsuwa ekyiri;

3 wo honam bɛgogow, na wo mu bɛkoa, na wo se nyina bɛtutu, na wo eniwa do bɛyɛ wo kusuww;

4 na wo asowa rente asɛm yie na ɛbɛyɛ wo sɛ adedwow ne dede abrɛ ase; na anoma ne su bɛnyane wo, eso fie adeyɛ kukurukukuru bɛtɔ dinn wɔ wo asowa mu;

5 na ebɛsuro bea a ɛwɔ soro biara ne abɔnten kwan ne nantew bɛbɔ wo hu; na wo hwi bɛyɛ fitaa aber a wo honam ayɛ mberɛw na akɔndɔ nyina to bɛtwa. Nimpaba nam kwan do rekɔ wu mu ara ne no na ebusuafo reyɛ eyi ho nhyehyɛɛ.

6 Kae Nyame—ansaana wo nkwa ano ɛtwa, ansaana abrabɔ ne enimunyam abɔade; ansaana mbogya ɛgyae honam mu aforosiane,

7 na honam asan akɔ asaase a ɛfi mu no, na honhom no akɔ Nyankopɔn a ɔde mae no.

8 Ɔsɛnkani no se: "Ntease biara nni mu! Ntease biara nni

50

9 And moreover, because the preacher was wise, he still taught the people knowledge; yea, he gave good heed, and sought out, and set in order many proverbs.

10 The preacher sought to find out acceptable words: and that which was written was upright, even words of truth.

11 The words of the wise are as goads, and as nails fastened by the masters of assemblies, which are given from one shepherd.

12 And further, by these, my son, be admonished: of making many books there is no end; and much study is a weariness of the flesh.

13 Let us hear the conclusion of the whole matter: Fear God, and keep his commandments: for this is the whole duty of man.

14 For God shall bring every work into judgment, with every secret thing, whether it be good, or whether it be evil.

mu! [a] "Korakoraa, ntease biara nni mu! "

Asεm Ne Nyina Ne Ewiei

9 Ɔsenkani ne nyansa no so ɔde kyerεkyerεε ne nkorɔfo. Ɔtena hɔ dwenn bε pii ho, na ɔhehwεε mu buu mbε piinara.

10 Ɔsεnkani no hwehwεε nkasafua a εtɔ aso mu papa de kyerεww dea εyε nokware ne tenenee.

11 Anyansafo nsεm te sε nsoεe, hɔn akyerεwsεm te sε mprεgow a wɔkεnyane nyansa wɔ wo mu—na Nyame Guanhwεni na Ɔde ma wɔn.

12 Hwε yie, me ba, wɔ biribiara εboro saa. Mbuukuu akyerεw ne to ntwa da, na adesua pii so ma honamdua brε.

13 Sesei, yεate biribiara; asεm ne ewiei ne nyina ni: Suro Nyankopɔn na di ne mbra so, dasani ne asεde ara ne no.

14 Εsiane sε Nyankopɔn bεbu ndeyεe biara atεn, dea εsuma mpo, bɔne o, papa o.

Ase-Nkyerεase:
[a] Ɔsεnkani Ti 12:8 Anaa *nimpakuw mu panin* ; εso wɔ nkyekyεmu 9 ne 10

52

www.ingramcontent.com/pod-product-compliance
Lightning Source LLC
Chambersburg PA
CBHW081230020426
42331CB00012B/3110

9 789988 037642